# SÉOUL

## guide de voyage

## 2024

Séoul Serendipity : une expédition vivante à travers des
merveilles modernes et des traditions intemporelles

**Mathias Seiler**

# Table des matières

# Introduction

## Bienvenue à Séoul

Bienvenue à « Séoul », votre compagnon de voyage à travers les rues animées et les paysages fascinants de la capitale sud-coréenne. Ce voyage promet non seulement des merveilles modernes et une architecture impressionnante, mais aussi des racines profondes dans des traditions intemporelles qui font de Séoul une destination unique et inoubliable.

Séoul révèle une ville qui jongle habilement entre passé et futur. Des gratte-ciel scintillants aux temples vénérables, de la délicieuse cuisine de rue aux étoiles Michelin, de la technologie moderne aux palais anciens, Séoul est une mosaïque fascinante qui plonge ses visiteurs dans une mer de contrastes et de diversité culturelle.

Ce guide de voyage vous emmène dans un voyage à travers les différentes facettes de Séoul. Vous flânerez dans les ruelles sinueuses, explorerez les palais traditionnels, profiterez des odeurs des étals de rue et serez transporté dans le monde éblouissant de la culture K-pop. En même temps, vous vous immergerez dans la technologie futuriste, parcourrez des centres commerciaux luxueux et découvrirez des vues à couper le souffle depuis les gratte-ciel.

Que vous soyez un passionné d'histoire, un fin gourmet, un passionné d'art ou un aventurier, Séoul a quelque chose à offrir à chaque voyageur. Laissez-vous emporter par l'énergie de la ville, plongez-vous dans la culture vibrante et découvrez les joyaux cachés que Séoul a à offrir.

Ce voyage à travers Séoul est bien plus qu'une simple promenade physique dans une ville fascinante. C'est une invitation à ressentir l'âme de Séoul, à entendre les histoires qui résonnent dans les rues et à découvrir l'atmosphère unique qui rend cette métropole si distinctive. Préparez-vous pour « Séoul Serendipity » – un voyage de découverte qui ravira vos sens et créera des souvenirs qui dureront toute une vie.

# Un bref aperçu de la riche histoire de Séoul

Séoul, la vibrante capitale de la Corée du Sud, porte sur ses épaules une histoire qui s'étend sur des millénaires. Les racines de cette métropole fascinante remontent à l'époque de la dynastie Joseon, lorsqu'elle fut fondée sous le nom de Hanyang. Au cours des siècles qui ont suivi, Séoul a été le théâtre d'événements historiques importants qui ont façonné le destin de la Corée.

Les magnifiques palais Gyeongbokgung et Changdeokgung, témoins de la splendeur royale d'autrefois, témoignent d'une époque où les rois et les reines contrôlaient le destin du pays. La cloche de Bosingak et les remparts historiques de la ville rappellent les mesures de protection qui entouraient autrefois le cœur de la ville.

Pendant l'occupation japonaise et la guerre de Corée dans la première moitié du XXe siècle, Séoul a connu des périodes de destruction, de reconstruction et finalement de prospérité. La ville est devenue un centre mondial de technologie, de culture et d'affaires tout en conservant fièrement ses racines culturelles.

Les rues de Séoul sont un livre d'histoire vivant, où chaque quartier et chaque bâtiment raconte une histoire. Des palais anciens aux gratte-ciel modernes, l'architecture de Séoul reflète l'évolution des temps.

Aujourd'hui, Séoul est non seulement un symbole de progrès économique, mais aussi un conservateur d'un riche héritage culturel. Ce mélange d'ancien et de nouveau fait de Séoul une destination fascinante qui invite les visiteurs à plonger dans les profondeurs de sa riche histoire.

cartes

# Apprendre à connaître Séoul

## Quartiers de Séoul

Séoul, la dynamique capitale de la Corée du Sud, est divisée en une variété de quartiers fascinants. Chaque quartier a son propre caractère, allant des racines historiques à l'innovation moderne. Voici un aperçu de certains des quartiers les plus remarquables de Séoul :

### Jongno-gu : le cœur historique

Palais Gyeongbokgung : Un symbole majestueux de la dynastie Joseon.
Insadong : Un quartier historique avec des galeries d'art et des boutiques d'artisanat traditionnel.
Village Hanok de Bukchon : maisons Hanok traditionnelles dans un quartier pittoresque.

## Gangnam-gu : le quartier glamour

Gangnam Style : Le quartier des affaires animé à l'architecture moderne.

COEX Mall : Un immense complexe commercial et de divertissement.

Apgujeong : Un quartier luxueux avec des boutiques de créateurs et des cafés branchés.

## Mapo-gu : Créativité et jeunesse

Hongdae : Un quartier animé avec du street art, de la musique et de la danse.

Yeonnam-dong : un quartier en plein essor avec du street art unique et des cafés chaleureux.

Mapo-gu Office Street : Un centre culinaire et culturel.

## Yongsan-gu : Centre technologique

Marché électronique de Yongsan : un énorme marché pour l'électronique et la technologie.

Itaewon : Un quartier multiculturel avec une cuisine internationale et une vie nocturne.

Tour Namsan de Séoul : Un monument offrant une vue imprenable sur la ville.

## Seongdong-gu : culture et espaces verts

Dongdaemun Design Plaza : Un chef-d'œuvre architectural et un haut lieu culturel.

Quartier universitaire de Konkuk : Un quartier animé avec des rues commerçantes et des divertissements.

Forêt de Séoul : Une oasis de verdure au milieu de la ville.

Guro-gu : pôle technologique

Complexe numérique de Guro : un centre majeur pour les technologies de l'information et l'innovation.

Gasan Digital Complex : Un mélange d'affaires et de divertissement.

Forteresse de Hwaseong : patrimoine historique dans un cadre moderne.

# Phrases coréennes essentielles pour les voyageurs

Utiliser quelques phrases coréennes de base peut rendre votre voyage à Séoul plus agréable et enrichissant. Voici quelques phrases essentielles qui vous aideront à vous exprimer avec politesse et respect :

Salutations et expressions de politesse :

1.Bonjour ? (Annyeonghaseyo ?) - Allo ?
2. Merci. (Gamsahamnida.) - Danke.
3.Ne - Ja
4.Aniyo - Nein
Demandez poliment la permission :

5.Désolé, puis-je prendre une photo de cela ? (Joesonghamnida man, i sajin-eul jjigeodo doelkkayo?) - Entschuldigen Sie, darf ich dieses Foto machen?
Demandez le chemin :

6.Comment puis-je arriver ici ? (Igoseuro eotteohge ganayo ?) - Wie komme ich hierhin ?

7.Où est la station de métro ? (Jihacheolyeok eodieyo ?) - Qu'est-ce que la station de U-Bahn ?

Commander dans un restaurant :

8. Qu'en pensez-vous ? (Je menu chucheonhanayo ?) - Recommandez-vous ce menu ?

9.Donnez-m'en un. (Igeo hana juseyo.) - Bitte geben Sie mir eins davon.

Urgences et aide :

10. Aidez-moi ! (Dowajuseyo!) - Helfen Sie mir bitte!

11.Où sont les urgences ? (Eunggeubsil eodieyo ?) - Qu'est-ce que la notaufnahme ?

Formes polies et polies :

12.실례합니다 (Silryehamnida) - Désolé de vous déranger.

13.저기요 (Jeogiyo) - Entschuldigung, excusez-moi.

Adoption:

14.안녕히 계세요 (Annyeonghi gyeseyo) - On se reverra (quand vous resterez).

15. 안녕히 가세요 (Annyeonghi gaseyo) - On se reverra (quand tu partiras).

# Naviguez dans la ville

# Transports publics : un guide

Séoul offre un système de transports publics efficace et bien développé qui permet aux voyageurs d'explorer la ville de manière pratique et rentable. Voici un guide des différentes options de transports publics à Séoul :

### 1. Métro : rapide et fiable

- Séoul dispose d'un vaste réseau de métro avec plusieurs lignes sillonnant la ville.

- La signalisation est en coréen et en anglais, ce qui facilite la navigation.

- Le service de métro commence vers 5h30 et se termine vers minuit.

## 2. Les bus : flexibles et complets

- Séoul dispose d'un vaste réseau de bus qui couvre même les zones reculées.

- Les bus bleus suivent des itinéraires plus longs, tandis que les bus verts circulent dans des quartiers spécifiques.

- Les cartes T-money peuvent être utilisées aussi bien dans les bus que dans le métro.

### 3.Taxi : Pratique mais plus cher

- Les taxis sont pratiques si vous préférez la flexibilité et le confort, mais ils sont plus chers que les transports en commun.

- Des stations de taxis se trouvent dans les principaux centres de transport et de nombreux chauffeurs comprennent l'anglais de base.

### 4.Carte T-money : Tout en un

- La carte T-money est une carte à puce rechargeable qui peut être utilisée pour le métro, les bus et même les taxis.

- Disponible dans les stations de métro et dans les dépanneurs, il facilite les transactions de paiement et offre des rabais.

### 5.Location de vélos : option écologique

- Séoul promeut la location de vélos avec des pistes cyclables et des stations de location dédiées.
- Des applications comme Séoul Bike 'Ddareungi' permettent des options de location pratiques.

### 6.Airport Railroad Express (AREX) : connexion directe à l'aéroport

- La ligne AREX assure une connexion directe entre l'aéroport international d'Incheon et le centre-ville.
- Le train express offre des correspondances rapides et confortables.

### 7. Bus touristique de la ville de Séoul : faire du tourisme en toute simplicité

- Les bus touristiques de la ville constituent un moyen pratique d'explorer les principales attractions de Séoul.
- Les billets vous permettent de monter et descendre à diverses attractions.

**8. Horaires et applications : les informations en un coup d'oeil**

- Utilisez des applications comme « Séoul Subway » ou « KakaoMap » pour connaître les horaires et les itinéraires actuels.

- Des horaires en anglais sont disponibles dans les stations de métro et aux arrêts de bus.

Avec ce guide, vous pourrez naviguer sans effort dans les transports publics de Séoul et explorer la ville dans toute sa diversité.

# Promenades dans les quartiers de Séoul

Se promener dans les quartiers de Séoul offre une manière intime de découvrir l'atmosphère unique, l'histoire et la diversité culturelle de la ville. Voici quelques quartiers fascinants et particulièrement propices à une promenade relaxante :

Insadong : arts et artisanats traditionnels

Promenez-vous dans les rues pavées d'Insadong bordées de galeries d'art, d'antiquaires et de salons de thé traditionnels. Découvrez l'artisanat coréen, les produits artisanaux et les souvenirs dans les nombreuses boutiques.
Village Hanok de Bukchon : beauté intemporelle

Explorez les rues étroites de ce village traditionnel, qui abrite des maisons Hanok bien préservées de la dynastie Joseon. Profitez des vues panoramiques depuis les points de vue et découvrez la tranquillité au milieu de la ville animée.
Hongdae : créativité et culture de la jeunesse

Plongez dans le quartier animé de Hongdae, connu pour son ambiance artistique, son street art et sa musique de rue. Visitez les cafés et boutiques branchés et profitez de l'énergie vive de l'université Hongik située à proximité.
Yeonnam-dong : joyaux cachés et cafés

Promenez-vous dans les charmantes rues de Yeonnam-dong, connue pour ses cafés cachés, son art de rue créatif et ses ruelles verdoyantes.

Goûtez à des friandises uniques et découvrez l'atmosphère détendue de ce quartier en plein essor.
Ikseon-dong : l'élégance moderne dans les rues de la vieille ville

Explorez les ruelles revitalisées d'Ikseon-dong, qui allient charme traditionnel et élégance moderne.
Découvrez des cafés chaleureux, des boutiques et des galeries d'art dans ce quartier en plein essor.
Forêt de Séoul : la nature en ville

Promenez-vous dans la forêt de Séoul, une oasis verte au milieu de la ville remplie de forêts, d'étangs et d'art moderne.
Visitez le Butterfly Conservatory et le Deer Park pour une oasis naturelle unique.
Apgujeong : luxe et style de vie

Promenez-vous dans Apgujeong, un quartier chic avec des boutiques de créateurs, des boutiques de luxe et des cafés branchés.
Découvrez le glamour et le style de vie de ce quartier exclusif.

# Merveilles modernes : des gratte-ciel aux centres technologiques

Plongez-vous dans le monde fascinant de l'architecture moderne et de la technologie innovante de Séoul. Des gratte-ciel imposants aux centres technologiques de pointe, cette promenade reflète l'énergie vibrante de la métropole moderne.

✓ Namsan Séoul Tower : Vues panoramiques sur la ville

Commencez votre promenade à la tour Namsan de Séoul, un monument emblématique offrant des vues panoramiques à couper le souffle.
Découvrez le mélange de technologie moderne et d'atmosphère romantique dans ce monument de la ville.

✓ Gangnam Style : animé dans le quartier des affaires

Promenez-vous dans le quartier des affaires animé de Gangnam, connu pour ses gratte-ciel ultramodernes et ses centres commerciaux exclusifs.

Admirez une architecture impressionnante et vivez le rythme palpitant d'un style de vie trépidant.

✓ COEX Mall : Shopping et divertissement sous un même toit

Plongez-vous dans le centre commercial COEX, l'un des plus grands centres commerciaux et de divertissement d'Asie.
Explorez des boutiques luxueuses, des cafés branchés et des lieux de divertissement pour tous les goûts.

✓ Marché de l'électronique de Yongsan : Paradies technologiques

Visitez le marché électronique de Yongsan, la Mecque des passionnés de technologie avec une pléthore de magasins d'électronique.
Découvrez les derniers gadgets et technologies de ce marché passionnant.

✓ Itaewon : Flair international et modernité

Promenez-vous dans le quartier multiculturel d'Itaewon, connu pour sa variété de restaurants, bars et boutiques.
Découvrez comment tradition et modernité se confondent dans ce haut lieu international.

✓ DMC : Cité des médias numériques

Visitez Digital Media City (DMC), un quartier de haute technologie axé sur les médias et le divertissement numériques.
Découvrez les technologies innovantes et les start-ups créatives dans ce quartier dynamique.

✓ Îles flottantes de Séoul : architecture futuriste sur le fleuve Han

Admirez l'architecture futuriste des îles flottantes de Séoul, des îles flottantes sur le fleuve Han.
Profitez du mélange unique de design moderne et d'environnement naturel.
Cette visite à pied des merveilles modernes vous emmène à travers les trésors architecturaux et les foyers technologiques de Séoul. Découvrez la splendeur des gratte-ciel et l'innovation dans

les centres technologiques qui font de Séoul une ville mondiale de progrès.

## Monuments emblématiques : tour N de Séoul, tour Lotte World

Rejoignez-nous pour une promenade fascinante vers deux des monuments les plus distinctifs de Séoul, perçant le ciel de leur présence majestueuse.

### *N Séoul Tower : Au-dessus des toits de la ville*

Commencez votre promenade au pied de Namsan, d'où vous monterez jusqu'à la tour N de Séoul.
La tour N de Séoul, également connue sous le nom de tour Namsan, offre une vue panoramique imprenable sur toute la ville.
Explorez les ponts d'observation, les cadenas d'amour gravés et l'atmosphère unique de cette tour emblématique.

### *Lotte World Tower : Vers le ciel*

Rendez-vous dans le quartier de Jamsil pour découvrir la Lotte
World Tower, l'un des plus hauts gratte-ciel du monde.
Admirez l'architecture impressionnante et la splendeur futuriste
de ce gratte-ciel.
Facultatif : profitez de la plate-forme d'observation Sky Deck
pour une perspective inégalée à 360 degrés de Séoul.

### *Promenade Hangang : Détente au bord de la rivière*

Continuez votre promenade et dirigez-vous vers la promenade
Hangang, qui borde la rivière Han.
Profitez de moments de détente au bord de l'eau et admirez la
silhouette de la N Séoul Tower et de la Lotte World Tower
depuis la rivière.

### *Observatoire du ciel de Séoul : ruée vers l'altitude au Lotte World Mall*

Visitez l'observatoire du ciel de Séoul au Lotte World Mall et vivez la montée d'adrénaline d'une plate-forme d'observation en verre.

Ressentez l'apesanteur à des hauteurs vertigineuses et admirez la ville illuminée la nuit.

### Parc Songpa Naru : nature et tranquillité

Terminez votre promenade au parc Songpa Naru, un refuge verdoyant près des Lotte World Towers.

Détendez-vous dans l'ambiance harmonieuse de ce parc et admirez les monuments impressionnants.

# Le côté futuriste : centres de technologie et d'innovation

Découvrez l'esprit d'innovation de Séoul en vous promenant dans les centres de technologie et d'innovation qui constituent le cœur de la ville, à la pointe des développements de pointe.

### Digital Media City (DMC) : là où l'avenir se crée

Commencez votre promenade futuriste à Digital Media City, une plaque tournante des technologies numériques et de l'innovation.
Explorez des complexes de bureaux créatifs où les entreprises de médias et les startups technologiques se réunissent pour repousser les limites du monde numérique.

## Samsung D'light : découvrez l'avenir de la technologie

Visitez Samsung D'light, un centre d'exposition et d'expérience innovant de Samsung.
Plongez dans des expositions interactives pour avoir un avant-goût des dernières technologies de Samsung, des maisons intelligentes aux gadgets révolutionnaires.

## Complexe numérique de Guro : hotspot technologique

Rendez-vous au complexe numérique de Guro, un centre technologique et d'affaires majeur.

Promenez-vous dans les rues bordées d'entreprises technologiques et de magasins d'électronique et ressentez le pouls de l'innovation numérique.

## Séoul Startup Hub : incubateur d'idées créatives

Visitez le Séoul Startup Hub, un lieu qui rassemble jeunes entrepreneurs et startups innovantes.
Découvrez les dernières idées et technologies forgées ici et laissez-vous inspirer par l'énergie des esprits créatifs.

## Vallée de Gangnam à Téhéran : pôle technologique émergent

Explorez le pôle technologique émergent de Gangnam Tehran Valley, qui abrite de nombreuses sociétés informatiques et start-ups.
Visitez des cafés sympas et des espaces communautaires où naissent les prochaines idées révolutionnaires.

## K-Style Hub : Allier tradition et innovation

Plongez-vous dans le K-Style Hub, une installation unique qui allie la culture coréenne aux technologies modernes.
Découvrez des expositions interactives qui mettent en valeur de manière créative les traditions coréennes.

## Lotte World Tower : Convergence du luxe et de la technologie

Terminez votre promenade futuriste au pied de la Lotte World Tower, un monument qui allie de manière impressionnante technologie et luxe.
Découvrez l'architecture progressiste et profitez d'équipements innovants dans ce chef-d'œuvre de la construction moderne.

# Traditions intemporelles : palais et temples

## Palais Gyeongbokgung

Franchissez les magnifiques portes du palais Gyeongbokgung et laissez-vous captiver par la beauté majestueuse de ce monument historique. Plongez dans la riche histoire de la dynastie Joseon et découvrez le contraste entre tradition et modernité.

### Gyeongbokgung : le cœur de la dynastie Joseon

Entrez dans le palais Gyeongbokgung, construit au 14ème siècle sous la dynastie Joseon.
Admirez la magnifique architecture entourée de jardins soigneusement aménagés, d'étangs et de montagnes majestueuses.

### Geunjeongjeon : Der Thronsaal des Glanzes

Explorez Geunjeongjeon, la salle du trône principale autrefois utilisée pour les cérémonies et les audiences royales.
Émerveillez-vous devant les décorations ornées et le caractère sublime de ce bâtiment historique.

## Pavillon Gyeonghoeru : Un palais sur l'eau

Flânez jusqu'à Gyeonghoeru, un impressionnant pavillon perché sur un étang.
Admirez la combinaison harmonieuse de l'architecture et de la nature en vous promenant le long des élégantes terrasses.

## Musée folklorique national de Corée : expositions sur l'histoire vivante

Visitez le Musée folklorique national de Corée, situé dans l'enceinte du palais.
Découvrez l'histoire et la culture coréennes à travers des expositions et des expositions fascinantes.

## Palais Changdeokgung : un autre joyau de la dynastie Joseon

Facultatif : faites une courte promenade jusqu'au palais Changdeokgung, un site classé au patrimoine mondial de l'UNESCO.
Explorez le Jardin Secret, un magnifique jardin royal autrefois destiné uniquement à un usage royal.

## Place Gwanghwamun : une synthèse moderne de l'histoire

Sortez du palais par la majestueuse porte Gwanghwamun et entrez sur la place Gwanghwamun.
Admirez l'imposante statue du roi Sejong le Grand et ressentez le lien entre le passé et le présent.

## Musées et cafés : voyage dans le temps dans la région

Explorez le quartier de Gyeongbokgung, qui offre un mélange de musées, de cafés hanok traditionnels et de galeries d'art.

Dégustez un thé traditionnel dans l'un des cafés Hanok et imprégnez-vous des impressions du palais.

# Clocher de Bosingak et remparts historiques de la ville

Entrez dans l'histoire de Séoul en franchissant les imposantes portes de Bosingak et les remparts historiques de la ville. Plongez-vous dans les histoires d'époques révolues et découvrez la fascination des reliques bien conservées de ces structures anciennes.

Clocher de Bosingak : le son de l'histoire

Entrez dans le clocher de Bosingak, symbole de Séoul construit au 14ème siècle.
Découvrez l'importance de la cloche, qui servait autrefois de montre et d'alarme.
Bosingak Plaza : une place animée de la ville

Profitez de l'atmosphère animée de la place Bosingak, entourée d'une architecture moderne et d'un patrimoine historique.

Assistez aux cérémonies traditionnelles organisées ici et découvrez la vie urbaine animée.

Muraille de la ville de Naksan : histoire le long des chaînes de montagnes

Commencez votre promenade le long des remparts de la ville de Naksan, qui s'étendent à travers les collines.

Profitez d'une vue imprenable sur la ville et ressentez la tranquillité en vous promenant le long des murs historiques.

Porte Hyehwamun : porte d'entrée vers la beauté culturelle

Passez la porte Hyehwamun, qui donne accès aux remparts historiques de la ville.

Explorez la scène culturelle voisine, remplie de galeries d'art et de cafés chaleureux.

Porte Changuimun : élégance historique

Atteignez la porte Changuimun, une magnifique porte d'entrée aux remparts de la ville.

Admirez l'élégance architecturale et ressentez le lien avec l'ancien temps.

Montagne Inwangsan : nature et histoire combinées

Facultatif : faites un détour par la montagne Inwangsan, qui surplombe les remparts de la ville.

Grimpez les sommets pour découvrir à la fois la nature et la ville historique en contrebas.

Forteresse du mont Bugaksan : ligne de défense historique

Vous pouvez terminer votre promenade à la forteresse du mont Bugaksan, une ancienne ligne de défense.

Profitez de la randonnée le long de la forteresse et plongez-vous dans la riche histoire militaire.

## Temple Jogyesa et patrimoine bouddhiste

Plongez-vous dans l'atmosphère spirituelle du temple Jogyesa, le centre de la foi bouddhiste à Séoul. Découvrez le lien profond avec la tradition bouddhiste et expérimentez la sérénité de ce lieu sacré.

Temple Jogyesa : cœur du bouddhisme à Séoul

Entrez dans le parc du temple Jogyesa, considéré comme le centre bouddhiste le plus important de Séoul.

Admirez l'architecture impressionnante du temple, ses lanternes colorées et son environnement paisible.

Bâtiment principal de Daeungjeon : un lieu de méditation

Visitez le bâtiment principal de Daeungjeon, où est vénérée la statue principale du Bouddha de la Lumière Infinie.

Découvrez l'atmosphère méditative et ressentez l'énergie spirituelle de ce lieu sacré.

Pavillon Baeksongjeong : À l'ombre des arbres

Flânez jusqu'au pavillon Baeksongjeong, entouré de pins centenaires.

Profitez de la tranquillité de ce lieu pour méditer ou simplement vous sentir proche de la nature.

Pavillon Beopbojeongsa Bell : le son des Lumières

Explorez le pavillon Beopbojeongsa Bell, où une grande cloche sonne lors d'occasions spéciales.

Laissez-vous inspirer par le doux son de la cloche, souvent considéré comme un chemin vers l'illumination.

Centre Culturel Bouddhiste : Éducation et Compréhension

Visitez le centre culturel bouddhiste sur le terrain du temple. Apprenez-en davantage sur la philosophie, l'art et la culture bouddhistes à travers des expositions et des programmes éducatifs.

Environs du temple : boutiques et restaurants

Explorez les environs du temple Jogyesa, qui regorgent de librairies bouddhistes, de boutiques d'artisanat et de restaurants végétariens.

Goûtez à la cuisine des temples bouddhistes et procurez-vous des souvenirs ayant une signification spirituelle.

Événements et célébrations : Vivez une communauté spirituelle

Découvrez les événements spéciaux et les festivals bouddhistes qui se déroulent au temple Jogyesa.

Participez à des cérémonies et découvrez la communauté spirituelle dynamique.

# Odyssée Culinaire : De la street food aux étoiles Michelin

## Pure street food : des spécialités locales à essayer absolument

Plongez dans le monde délicieux de la street food à Séoul et laissez-vous tenter par les arômes et les saveurs des spécialités locales. Une balade culinaire dans les rues de Séoul vous attend !

### Tteokbokki : collations épicées au gâteau de riz

Commencez votre voyage culinaire avec des tteokbokki, des gâteaux de riz épicés trempés dans une délicieuse sauce gochujang.
Essayez les différentes versions de cette cuisine de rue populaire, des interprétations classiques aux interprétations modernes.

### Hotteok : délices de crêpes sucrées

Embarquez pour une douce tentation avec le hotteok, une crêpe sucrée fourrée au miel, aux noix et à la cannelle.

Savourez la couche extérieure croustillante et le centre chaud et sucré de cette délicieuse collation.

## Kimchi Pancake : copieux et épicé

Essayez Kimchi Pancake, une option de crêpes salées remplies de kimchi fermenté et d'oignons verts.

La combinaison parfaite entre texture croustillante et goût épicé.

## Odeng : Brochettes de poisson cuites au bouillon

Découvrez l'Odeng, des brochettes de poisson cuites servies dans un bouillon savoureux.

Essayez les différentes options de fruits de mer et trempez les brochettes dans le bouillon épicé.

Banchan : Une variété de plats d'accompagnement

Explorez le monde du banchan, une variété de plats d'accompagnement coréens souvent servis dans la cuisine de rue.

Des légumes marinés aux noix épicées, les banchan offrent une explosion de saveurs.

## Japchae Hotteok : Fusion de tradition et de modernité

Découvrez la fusion de la tradition et de la modernité avec Japchae Hotteok, une collation innovante qui intègre la garniture savoureuse de Japchae dans une crêpe.

## Twigim : délices frits

Découvrez les Twigim, des délices frits comme les légumes, le poisson et les patates douces.
Essayez les friandises croquantes, souvent servies avec une trempette épicée.

## Sundae : boudin noir traditionnel

Aventurez-vous dans le sundae, une version coréenne du boudin noir rempli de nouilles de riz et d'épices.
Goûtez à ce délice traditionnel, souvent grillé ou bouilli.

# Cafés et salons de thé branchés

Découvrez la culture passionnante du café et du thé de Séoul dans ces cafés et salons de thé branchés qui offrent non seulement une indulgence exquise, mais donnent également un aperçu de l'esthétique moderne de la ville.

Café Onion : l'élégance minimaliste

Plongez dans l'élégance minimaliste du Café Onion, un lieu de rencontre prisé des amateurs de café.
Dégustez un café de haute qualité dans une atmosphère simple mais esthétique.

Daelim Changgo Gallery CO:LUMN : Art et café combinés

Visitez la Daelim Changgo Gallery CO:LUMN, un café dans une galerie d'art qui offre une combinaison unique de créativité et de plaisir du café.
Admirez les expositions d'art tournantes tout en sirotant votre café.

Osulloc Tea House : Les délices du thé vert

Découvrez la finesse du thé à Osulloc Tea House, connue pour ses thés verts de haute qualité.
Dégustez des thés coréens traditionnels et profitez de l'atmosphère détendue.

Zapangi : Entrée par le distributeur de boissons

Découvrez Zapangi, un café unique dont l'entrée est déguisée en distributeur automatique.
Entrez dans la salle aux couleurs pastel et dégustez des boissons et des desserts créatifs.

Daelim Tea : expériences de thé modernes

Explorez Daelim Tea, un salon de thé moderne qui allie thés traditionnels et touche contemporaine.
Essayez des boissons au thé innovantes et vivez un voyage à travers différentes cultures de thé.

C. Through Cafe : une esthétique transparente

Entrez C. Through Cafe, un lieu qui privilégie la transparence.
Dégustez un café dans un café en verre et laissez-vous surprendre
par l'architecture moderne.

Torréfacteurs Anthracite : torréfacteur et café à la fois

Visitez Anthracite Coffee Roasters, une combinaison de
torréfaction et de café.
Dégustez du café fraîchement torréfié dans un cadre industriel au
design moderne.

Teapigs Insadong : le thé britannique rencontre la tradition
coréenne

Plongez dans l'univers du thé britannique au Teapigs Insadong,
un charmant salon de thé situé dans le quartier historique
d'Insadong.
Dégustez des thés de haute qualité et laissez-vous enchanter par
l'atmosphère détendue.

# Expériences culinaires étoilées au Michelin

Plongez dans le monde des chefs-d'œuvre culinaires et des expériences gustatives inoubliables avec ces restaurants de Séoul qui ont reçu les très convoitées étoiles Michelin. Savourez des menus sophistiqués, des saveurs sophistiquées et un service de première classe dans ces joyaux gastronomiques.

Jungsik : cuisine coréenne créative

Découvrez la fusion créative des saveurs coréennes et occidentales au Jungsik, un restaurant deux étoiles Michelin.
Goûtez des plats innovants qui élèvent les ingrédients traditionnels à un nouveau niveau.
Gaon : des spécialités coréennes authentiques

Plongez dans le monde des spécialités coréennes authentiques au Gaon, un restaurant trois étoiles Michelin.
Savourez des menus astucieusement présentés qui célèbrent les traditions culinaires coréennes.
L'Impression : la sophistication française à Séoul

Découvrez l'élégance de la cuisine française à L'Impression, un restaurant étoilé Michelin.

Dégustez des créations délicates préparées avec des ingrédients de saison et un savoir-faire artisanal.

Mosu : cuisine d'avant-garde

Embarquez pour un voyage culinaire d'avant-garde chez Mosu, un restaurant étoilé Michelin.

Découvrez des menus innovants qui repoussent les limites de la cuisine traditionnelle.

Mingles : Fusion de tradition et de modernité

Savourez la fusion des saveurs traditionnelles coréennes et internationales au Mingles, un restaurant deux étoiles Michelin.

Laissez-vous inspirer par les plats créatifs et l'ambiance moderne.

Soigné: Fine Dining mit Panoramablick

Découvrez une cuisine raffinée avec une vue panoramique à couper le souffle sur Séoul au Soigné, un restaurant étoilé Michelin.

Savourez des plats délicieusement présentés tout en admirant les toits de la ville.

Ryunique : Présentation Artistique du Goût

Plongez-vous dans la présentation artistique des saveurs au
Ryunique, un restaurant étoilé Michelin.
Découvrez une parfaite harmonie de saveurs et d'esthétique dans
chaque plat.
Myomi : interprétation moderne de la cuisine coréenne

Savourez une version moderne de la cuisine coréenne au Myomi,
un restaurant étoilé au guide Michelin.
Dégustez des plats créatifs qui reflètent la diversité de la cuisine
coréenne.

# Extravagance du shopping : des marchés aux boutiques exclusives

Séoul offre une expérience de shopping impressionnante, des marchés animés où la tradition rencontre la modernité aux boutiques exclusives présentant les dernières tendances de la mode. Plongez-vous dans la diversité commerciale de la ville !

Dongdaemun Design Plaza (DDP) : Design et tendances

Découvrez Dongdaemun Design Plaza, un lieu emblématique du design et des tendances.
Découvrez non seulement des boutiques élégantes, mais aussi des créations de créateurs innovantes et des boutiques éphémères.

Myeongdong : une rue commerçante pour les tendances de la mode

Dirigez-vous vers Myeongdong, une rue commerçante connue pour les tendances de la mode et les cosmétiques.
Promenez-vous dans les magasins de marques internationales, les boutiques branchées et essayez le streetwear local.

Insadong : artisanat traditionnel

Explorez Insadong, où se rencontrent l'artisanat traditionnel coréen et l'art moderne.
Parcourez les galeries d'art, les antiquaires et les boutiques proposant des trouvailles uniques.

District de Gangnam : shopping de luxe

Plongez-vous dans le quartier de Gangnam, synonyme de luxe et de shopping exclusif.
Découvrez des boutiques de créateurs, des marques internationales et des concept stores branchés.

Marché de Namdaemun : agitation traditionnelle

Visitez le marché de Namdaemun, l'un des plus anciens et des plus grands marchés de Séoul.
Découvrez l'agitation animée, dégustez des collations locales et explorez les boutiques d'artisanat traditionnel.

Garosugil : Avenue branchée pour les concept stores

Flânez dans Garosugil, une avenue branchée bordée de concept stores et de boutiques de créateurs.
Profitez de l'atmosphère des cafés de rue et découvrez des concepts de mode uniques.

Grand magasin Lotte : expérience de shopping élégante

Vivez une expérience de shopping élégante au Lotte Department Store, l'un des principaux grands magasins de la ville.
Parcourez des marques exclusives, des cosmétiques de luxe et des aliments de haute qualité.

Hongdae : shopping créatif et streetwear

Découvrez Hongdae, un quartier connu pour son shopping créatif et son streetwear.
Parcourez les boutiques vintage, les petites boutiques et les magasins de créateurs.

# Explorer Insadong : artisanat et art traditionnels

Plongez-vous dans l'atmosphère charmante d'Insadong, un quartier de Séoul connu pour son artisanat traditionnel, son flair artistique et son patrimoine culturel. Explorez les rues étroites, découvrez des galeries d'art et découvrez la riche culture coréenne.

Trésors antiques de Ssamziegil :

Commencez votre promenade à Ssamziegil, un centre commercial unique avec de petites boutiques proposant des produits artisanaux traditionnels et modernes.
Découvrez des trésors anciens, des souvenirs artisanaux et des chefs-d'œuvre artistiques.
Rue Insadong : galeries d'art et salons de thé :

Promenez-vous dans la rue principale d'Insadong, bordée de galeries d'art, de salons de thé et de boutiques vendant de l'artisanat traditionnel coréen.

Entrez dans les galeries pour admirer des œuvres d'art contemporaines et des expositions d'art traditionnel.

Village Hanok de Bukchon : Maisons Hanok traditionnelles :

Faites un détour par le village voisin de Bukchon Hanok, où vous trouverez des maisons Hanok traditionnelles parsemant les rues pavées.

Explorez des galeries d'art, des boutiques d'artisans et des cafés qui reflètent l'histoire et la culture du quartier.

Les tea times artistiques au Musée du Thé :

Visitez le Musée du Thé pour déguster des thés traditionnels coréens dans un cadre unique.

Profitez de séances de thé présentées de manière artistique et plongez-vous dans l'art de la préparation du thé.

Expérience Insadong Hanbok : Découvrez les costumes traditionnels :

Vivez une expérience Hanbok et portez le costume traditionnel coréen.

Visitez les studios d'Insadong, où vous pourrez vous promener dans les rues en vêtements d'époque.

Journal coréen à Jong Ie Nara :

Explorez le monde du papier coréen chez Jong Ie Nara, une boutique spécialisée dans le Hanji, le papier traditionnel coréen. Achetez des carnets Hanji, des abat-jour et des œuvres d'art faits à la main.

Musée Kimchikan : Art du Kimchi :

Visitez le musée Kimchikan pour en savoir plus sur le plat traditionnel coréen, le kimchi, mais également pour découvrir la présentation artistique et l'histoire du kimchi.

Art en direct au Ssamzie Space :

Terminez votre journée au Ssamzie Space, un centre culturel de Ssamziegil qui accueille des expositions d'art en direct, des ateliers et des performances artistiques.

Participez à un événement ou laissez-vous inspirer par les œuvres d'art actuelles.

Insadong offre une expérience inégalée pour découvrir l'artisanat traditionnel, les créations artistiques et la diversité culturelle de la

Corée. Chaque ruelle a une nouvelle histoire, que ce soit dans les galeries d'art, les boutiques d'artisanat ou les confortables salons de thé.

# Expériences nature : parcs et retraite au bord de la rivière

## Parc botanique Namsan de Séoul

Niché au pied de la montagne Namsan, le parc botanique de Namsan Séoul est un refuge enchanteur qui accueille les amoureux de la nature au milieu de l'agitation de la ville. Ce parc botanique combine harmonieusement une flore diversifiée et une architecture moderne pour créer une oasis de paix et de beauté.

Découvrez la diversité botanique :

Plongez dans la riche diversité botanique du parc, qui abrite une impressionnante collection de plantes de différents climats et régions.
Explorez des jardins thématiques comprenant des forêts tropicales humides, des paysages désertiques et une flore indigène.

Chefs-d'œuvre architecturaux :

Admirez les chefs-d'œuvre architecturaux du parc, qui se
fondent parfaitement dans l'environnement naturel.
Visitez des serres aux designs innovants et aux structures
transparentes qui captent la lumière du soleil.

Skywalk avec vue panoramique :

Profitez d'une promenade sur le Skywalk, une plate-forme
surélevée offrant une vue panoramique à couper le souffle sur la
ville environnante de Séoul.
Capturez la beauté de la flore et en même temps la splendeur
urbaine de la métropole.

Programmes éducatifs:

Participez aux programmes éducatifs offerts par le Parc
Botanique.
Apprenez-en davantage sur les liens écologiques, les pratiques
durables et l'importance de la conservation de la nature.

Événements et expositions :

Renseignez-vous sur les événements en cours et les expositions temporaires au Parc Botanique.
Vivez des festivals saisonniers, des visites de jardins et des performances artistiques qui célèbrent le lien entre la nature et la culture.

Oasis de paix et aires de pique-nique :

Découvrez des oasis de paix cachées et des aires de pique-nique idylliques dans le parc.
Profitez-en pour vous détendre, profiter de l'air frais et découvrir la beauté de la nature.

Espaces adaptés aux enfants :

Visitez des zones adaptées aux enfants, spécialement conçues pour les jeunes explorateurs.
Laissez les enfants participer à des activités interactives et stimulez leur curiosité pour le monde végétal.

Lien culturel :

Découvrez le lien culturel entre la nature et la ville au parc botanique Namsan de Séoul.
Photographiez les compositions botaniques impressionnantes et laissez-vous inspirer par l'harmonie entre les gens et l'environnement.

# Parc Hangang et activités au bord de la rivière

S'étendant le long de la pittoresque rivière Han, le parc Hangang est une superbe oasis de verdure au milieu de la métropole animée de Séoul. Il existe de nombreuses activités et possibilités de loisirs pour les visiteurs de tous âges.

**Balades à vélo le long des berges de la rivière :**

Louez des vélos et explorez les pistes cyclables bien conçues le long des berges de la rivière.

Profitez d'une balade relaxante avec une vue panoramique sur la rivière Han et les toits environnants.

## Aires de pique-nique et aires de barbecue :

Profitez des spacieuses aires de pique-nique et des aires de barbecue du parc.
Passez des heures agréables à l'extérieur, dégustez des plats délicieux et découvrez l'ambiance d'un pique-nique au parc Han.

## Activités nautiques:

Essayez diverses activités de sports nautiques sur la rivière Han. Du kayak au ski nautique en passant par les promenades relaxantes en bateau, choisissez l'activité qui convient à votre esprit d'aventure.

## Îles flottantes de Séoul :

Visitez les îles flottantes de Séoul, îles artificielles du fleuve Han. Explorez le large éventail d'options de loisirs, des cafés et restaurants aux espaces verts propices à la détente.

**Culture sur le fleuve :**

Découvrez les événements culturels et les spectacles qui se
déroulent le long du fleuve.
Assistez à des concerts en plein air, des expositions d'art et des
festivals culturels régulièrement organisés dans le parc Hangang.

**Croisières en yacht et dîners :**

Profitez d'une promenade en yacht de luxe ou d'un
dîner-croisière romantique sur le fleuve Han.
Admirez l'horizon scintillant de Séoul la nuit en glissant sur
l'eau.

**Jogging et randonnée :**

Utilisez les sentiers de jogging et de randonnée bien conçus pour
votre programme de remise en forme quotidien.
Découvrez la brise rafraîchissante et les environs verdoyants tout
en étant actif le long de la rivière Han.

**Parcs animaliers et cinémas en plein air :**

Visitez le parc de la rivière Hangang, qui propose de nombreuses activités, notamment des parcs animaliers et des cinémas en plein air.
Vivez des divertissements en plein air en famille et entre amis.

## Parc national de Bukhansan

Le parc national Bukhansan, majestueusement situé à la frontière nord de Séoul, est une superbe oasis naturelle qui ravit les habitants et les visiteurs par sa beauté à couper le souffle et sa flore diversifiée. Ici, les amateurs de plein air peuvent découvrir une combinaison harmonieuse de sommets impressionnants et de sites historiques.

Sommets majestueux :

Gravissez les majestueux sommets du parc national de Bukhansan, dont le pic Baegundae, le point culminant à 836 mètres.

Profitez d'une vue imprenable sur Séoul et la campagne environnante.

Temples historiques :

Découvrez les temples historiques disséminés dans le paysage montagneux.
Visitez le temple Baegundae Sa et d'autres sites sacrés offrant une atmosphère paisible.

Malpogeunmu : L'étang des esprits :

Explorez Malpogeunmu, également connu sous le nom de Ghost Pond.
Ce lieu mystique, entouré d'une végétation luxuriante, offre un environnement tranquille propice à la réflexion et à la détente.

Sentiers de montagne et sentiers de randonnée :

Profitez des sentiers de montagne et des sentiers de randonnée bien aménagés, accessibles aux randonneurs de tous niveaux d'expérience.

Découvrez la joie des activités de plein air au milieu de la splendeur naturelle du parc national.

Temple ancestral de Samseonggung :

Visitez le temple ancestral Samseonggung, considéré comme un lieu sacré pour les trois dieux de la mythologie coréenne. Plongez-vous dans la signification culturelle de ce temple historique.

Forteresse de Bukhansanseong :

Explorez la forteresse Bukhansanseong, une forteresse historique qui entoure la montagne.
Découvrez les défenses et l'histoire de la forteresse.

Couleurs automnales :

Visitez le parc national en automne, lorsque les feuilles deviennent spectaculairement colorées.
Le parc national de Bukhansan devient une toile de fond pittoresque avec des tons rouges chauds et des nuances dorées.

Conservation de la faune et de la nature :

Appréciez la diversité de la faune indigène du parc national. Soutenez la conservation de la nature et aidez à préserver la beauté de cet écosystème unique.
Le parc national de Bukhansan n'est pas seulement un paradis pour les amoureux de la nature et les aventuriers, mais aussi un lieu où se confondent histoire, culture et nature. Que vous partiez en randonnée ou que vous profitiez simplement de l'atmosphère paisible, ce parc national est un joyau de la nature sud-coréenne.

# Culture K-drama et K-pop

## Hallyu Wave : points chauds du K-Drama et de la K-Pop

Séoul est le centre dynamique de la vague Hallyu, qui ravit les fans de K-dramas et de K-pop du monde entier. Plongez dans le monde fascinant de la culture pop sud-coréenne dans ces hotspots qui représentent l'épicentre de la vague Hallyu.

Explorez les lieux de tournage de K-Drama :

Visitez les lieux de tournage populaires de K-drama pour découvrir la magie de la série.
Explorez des lieux tels que la tour Namsan de Séoul, le palais Gyeongbokgung et le village de Bukchon Hanok, qui figurent dans de nombreux K-dramas.

Route K-Star à Gangnam :

Flânez le long de K-Star Road, dans le quartier branché de Gangnam, bordé d'agences de divertissement.

Découvrez des statues fabriquées à la main d'idoles de la K-pop et découvrez l'histoire des étoiles montantes.

SMTOWN COEX Artium :

Plongez-vous dans le monde de SM Entertainment au SMTOWN COEX Artium.

Découvrez des expositions interactives, des produits K-Pop et des rencontres virtuelles avec vos artistes préférés.

Bâtiment de divertissement YG :

Visitez le bâtiment YG Entertainment dans le quartier de Hongdae.

Émerveillez-vous devant l'architecture impressionnante et explorez les environs, qui ont inspiré de nombreux K-dramas.

Rues K-Drama à Incheon :

Voyagez à Incheon et explorez les rues de K-drama célèbres de diverses séries.
Promenez-vous dans les lieux de tournage de « My Love from the Star » et laissez-vous enchanter par les décors romantiques.

MBC World dans la ville des médias numériques :

Visitez MBC World à Digital Media City, un parc à thème interactif qui donne vie au monde des drames et des émissions MBC.
Rejoignez le tournage virtuel de K-drama et les expériences interactives.

Hongdae : scènes K-pop et street art :

Découvrez la scène dynamique de la K-pop à Hongdae, un quartier connu pour sa culture dynamique.
Visitez les clubs de K-pop, observez des artistes de rue et découvrez des artistes locaux qui incarnent l'esprit Hallyu.

Route Gangnam K-Star :

Promenez-vous le long de Gangnam K-Star Road, considéré par les fans comme un lieu de pèlerinage pour les passionnés de K-pop.
Admirez les statues peintes à la main des idoles de la K-pop qui décorent cette rue.

## Visites d'agences et de studios de divertissement

Si vous souhaitez approfondir le monde fascinant de la K-Pop, les visites d'agences et de studios de divertissement à Séoul offrent un aperçu unique de la création et de la production de ces phénomènes mondiaux. Voici quelques points chauds que vous pouvez explorer :

SM Divertissement - SM Ville :

Visitez le bâtiment SM Entertainment connu sous le nom de SM Town.

Découvrez un mélange d'expositions interactives, de boutiques de marchandises exclusives et d'installations artistiques qui racontent l'histoire de SM Entertainment et de ses artistes.

Bâtiment de divertissement YG :

Arrêtez-vous au YG Entertainment Building, dans le quartier branché de Hongdae.
Bien que tous les espaces ne soient pas ouverts au public, vous pourrez admirer l'impressionnante façade et profiter de l'atmosphère des environs.

JYP Entertainment - Centre JYP :

Visitez le bâtiment JYP Entertainment, également connu sous le nom de JYP Center.
Profitez de l'architecture moderne et explorez les environs de Cheongdam-dong, une région connue pour ses liens avec l'industrie du divertissement.

Divertissement à grand succès - HYBE :

Explorez le siège social de Big Hit Entertainment, désormais connu sous le nom de HYBE Corporation.
Notez que toutes les zones ne sont peut-être pas ouvertes au public, mais être proche de cette entreprise importante est passionnant en soi.

Divertissement FNC :

Jetez un œil au bâtiment FNC Entertainment, situé à Cheongdam-dong.
Ressentez l'énergie de ce quartier, connu comme un centre d'artistes et de divertissement.

MBC World dans la ville des médias numériques :

Visitez MBC World, un parc à thème dans Digital Media City.
Vivez l'excitation des drames et des émissions MBC à travers des expériences virtuelles et des activités interactives.

SMTOWN COEX Artium :

Plongez-vous dans le monde SMTOWN au COEX Artium. Explorez les expositions, achetez des produits exclusifs et découvrez la présentation multimédia des artistes de SM Entertainment.

KBS - Système de diffusion coréen :

Visitez le bâtiment principal de KBS à Yeouido, le centre des médias de Séoul.
Renseignez-vous sur les visites ou les événements pour découvrir les coulisses de cette société de diffusion leader.

# Vie nocturne et divertissement

## Hongdae : Le centre de la culture des jeunes

Hongdae, un quartier animé de Séoul, est le cœur battant de la culture des jeunes et la Mecque des artistes, musiciens et créatifs. Ici, le street art innovant, les cafés branchés et la vie nocturne animée se mélangent pour créer une expérience unique pour les visiteurs de tous âges.

Street art et graffitis :

Plongez-vous dans le street art vibrant qui orne les ruelles de Hongdae.
Découvrez des murs de graffitis, des spectacles de rue et des installations artistiques qui reflètent l'énergie créative du quartier.

Boutiques individuelles et boutiques vintage :

Parcourez les boutiques individuelles et les boutiques vintage qui font de Hongdae le paradis des amateurs de mode.
Découvrez des vêtements, des accessoires et des objets artisanaux uniques de créateurs émergents.

Culture du café et cuisine de rue :

Découvrez la culture unique des cafés de Hongdae, allant des salons de thé confortables aux cafés au concept moderne.
Goûtez aux spécialités locales dans les nombreux stands de rue et stands de nourriture.

Musique live et scène club :

Visitez les bars et clubs de musique live qui font de Hongdae un lieu incontournable pour les musiciens en herbe.
Profitez d'une variété de genres musicaux, du rock indépendant aux rythmes électroniques, dans les clubs animés de la région.

Rue de l'Université Hongik :

Promenez-vous le long de la Hongik University Street, qui constitue le centre de Hongdae.
Découvrez l'agitation animée des étudiants, des artistes et des créateurs qui remplissent les rues de vie.

Marché libre de Hongdae :

Visitez le marché libre de Hongdae, qui a lieu tous les samedis.
Achetez des œuvres d'art, des bijoux et des objets artisanaux faits à la main par des artistes et artisans locaux.

Village des peintures murales :

Explorez Mural Village près de Hongdae, un quartier coloré avec des peintures murales impressionnantes.
Laissez-vous inspirer par les designs créatifs et l'atmosphère accueillante.

Expériences de fin de soirée :

Découvrez la vie nocturne animée de Hongdae qui dure jusqu'aux petites heures du matin.
Visitez les bars branchés, les salons de karaoké et les clubs de danse pour ressentir l'énergie dynamique de la nuit.

## La scène internationale d'Itaewon

Itaewon, un quartier multiculturel de Séoul, se caractérise par son atmosphère cosmopolite, sa diversité internationale et son énergie vibrante. Des restaurants variés aux boutiques exclusives, Itaewon offre une expérience qui reflète la diversité mondiale de la ville.

*Cuisine diversifiée :*

Découvrez la cuisine internationale à Itaewon, allant des spécialités authentiques aux plats fusion.
Dégustez des plats du monde entier, des kebabs turcs aux tacos mexicains et aux variantes de sushis exotiques.

*Bars et clubs internationaux :*

Découvrez la vie nocturne passionnante d'Itaewon dans les bars et clubs internationaux.
Plongez dans la scène musicale vibrante, dégustez des cocktails innovants et faites la fête dans un environnement inspiré de diverses cultures.

*Antiquités et achats vintage :*

Parcourez les antiquaires et les boutiques vintage qui font d'Itaewon le paradis du shopping pour les trouvailles uniques.
Découvrez des magasins soigneusement sélectionnés proposant de la mode, de l'art et de la décoration de différentes régions du monde.

*Hannam-dong : Luxe et élégance :*

Visitez Hannam-dong à proximité, un quartier connu pour son luxe et son élégance.
Explorez des boutiques exclusives, des cafés branchés et des galeries astucieusement conçues.

*Espaces culturels :*

Visitez les institutions culturelles d'Itaewon qui célèbrent la diversité de la ville.
Assistez à des expositions d'art, des projections de films et des événements culturels qui enrichissent la scène internationale de Séoul.

*Marché de l'électronique de Yongsan :*

Explorez le marché électronique de Yongsan, près d'Itaewon, qui propose des produits électroniques du monde entier.
Plongez dans le monde de la technologie et découvrez des produits innovants.

*Communauté internationale:*

Rencontrez la communauté internationale de Séoul à Itaewon, un lieu qui attire aussi bien les expatriés, les touristes que les locaux.
Découvrez l'atmosphère conviviale et établissez des contacts avec des personnes de cultures différentes.

*Parc de la liberté d'Itaewon :*

Détendez-vous au Itaewon Freedom Park, un refuge verdoyant au milieu de la ville.
Profitez de la nature, participez à des activités de plein air et imprégnez-vous de l'énergie cosmopolite.

## Spectacles traditionnels et spectacles nocturnes

Séoul, ville qui préserve fièrement sa riche histoire culturelle, propose une multitude de spectacles traditionnels et de spectacles en soirée. Plongez-vous dans le monde de l'artisanat traditionnel coréen et des divertissements nocturnes fascinants.

Nanta : la performance non verbale :

Découvrez « Nanta », une performance non verbale à couper le souffle qui combine des rythmes coréens traditionnels avec des éléments modernes.

Laissez-vous emporter par l'énergie contagieuse de cette émission culinaire aux rythmes de tambours et acrobaties impressionnants.

Centre Culturel Coréen : Soirée Hanbok :

Visitez le centre culturel coréen et participez à une soirée Hanbok.
Portez des hanboks traditionnels, découvrez la calligraphie coréenne et les cérémonies traditionnelles du thé.

Théâtre Jeongdong - "Miso" :

Découvrez le « Miso », un mélange captivant de danse traditionnelle, de musique et de contes, au théâtre Jeongdong. Plongez dans les trésors culturels de la Corée à travers ce spectacle magistral.

Spectacle de musique et de danse folkloriques coréennes à la Korea House :

Visitez la Korea House pour un spectacle authentique de musique et de danse folkloriques coréennes traditionnelles. Découvrez l'élégance et la magie de la culture coréenne dans un Hanok traditionnel.

Spectacles K-Pop et B-Boying :

Découvrez les émissions K-Pop et B-Boying qui représentent les aspects modernes de la culture du divertissement coréenne. Rendez-vous dans les clubs des quartiers comme Hongdae pour assister à des spectacles d'artistes talentueux.

Émission de cuisine royale coréenne :

Profitez d'un spectacle de cuisine royale coréenne où des plats traditionnels sont préparés dans un cadre royal. Découvrez les traditions culinaires de la famille royale coréenne.

Théâtre de Chongdong - « Le Palais : Conte de Jang Noksu » :

Découvrez « Le palais : l'histoire de Jang Noksu » au théâtre de Chongdong.

Plongez-vous dans le monde des intrigues et de la romance royales dans cette impressionnante production musicale.

Centre culturel de Bukchon : promenade nocturne dans le village Hanok de Bukchon :

Faites une promenade nocturne dans le village Hanok de Bukchon organisée par le centre culturel de Bukchon. Découvrez l'atmosphère traditionnelle du village Hanok alors qu'il s'illumine la nuit.
Les spectacles traditionnels et nocturnes de Séoul offrent une manière fascinante d'explorer la profondeur culturelle de la ville. Des interprétations modernes aux performances historiques, ces spectacles offrent un aperçu de la diversité et de la beauté des arts coréens.

## Délices de saison : festivals et événements

## Festival des lanternes de Séoul

Le Festival des Lanternes de Séoul est un événement annuel qui transforme les rues de la ville en une mer enchanteresse de lumières. Cet événement festif, mêlant lanternes traditionnelles et art contemporain, crée une atmosphère magique qui ravit les visiteurs de tous âges.

Contexte historique:

Le Festival des Lanternes de Séoul a un lien profond avec la tradition coréenne des festivals de lanternes, qui étaient utilisés pour chasser les mauvais esprits et souhaiter de bons vœux pour l'avenir.

Lieux :

Les principaux lieux du festival s'étendent le long de la rivière Cheonggyecheon, une retraite urbaine populaire au milieu de l'agitation de Séoul.

Installations artistiques de lanternes :

Admirez les installations artistiques de lanternes créées par des artistes du monde entier.
Les lanternes représentent une variété impressionnante de thèmes, des motifs coréens traditionnels à l'art contemporain.
Sections thématiques :

Explorez des sections thématiques illustrant divers aspects de la culture et de l'histoire coréennes.
Chaque section raconte une histoire unique à travers les lanternes ornées.
Implication de la communauté:

Le festival offre également un espace de participation communautaire, puisque les écoles locales, les organisations et les citoyens peuvent concevoir leurs propres lanternes et contribuer à l'exposition.

Performances traditionnelles :

Assistez à des spectacles traditionnels coréens qui donnent vie au patrimoine culturel du pays.
Des danses traditionnelles aux spectacles musicaux, le festival propose un programme d'animations diversifié.
Défilé de lumières :

Le point culminant du festival est le spectaculaire défilé de lumières, au cours duquel des lanternes artistiquement conçues défilent dans les rues.
Le défilé offre un spectacle enchanteur de lumières et de couleurs accompagné d'une musique festive.

Ambiance familiale :

Le Festival des Lanternes de Séoul crée une atmosphère familiale qui séduit les personnes de tous âges.
Enfants, parents et grands-parents peuvent explorer ensemble le monde magique des lanternes lumineuses.

# Saison des fleurs de cerisier

La saison des fleurs de cerisier, également connue sous le nom de « Festival des fleurs de cerisier », transforme les rues et les parcs de Séoul en un pays féerique avec une touche de rose délicate. Ce phénomène naturel annuel, qui se produit au printemps, attire aussi bien les locaux que les touristes.

Période de floraison :

La saison des fleurs de cerisier s'étend généralement de fin mars à mi-avril, selon les conditions météorologiques.
Durant cette période, les cerisiers sont en pleine floraison et transforment la ville en une impressionnante mer de fleurs.
Meilleurs endroits pour observer les fleurs :

Visitez le parc Yeouido Hangang, l'un des endroits les plus populaires pour le festival des cerisiers en fleurs.
Explorez le parc du lac Seokchon, connu pour ses paysages à couper le souffle avec la Lotte World Tower en arrière-plan.

Promenez-vous dans le palais Gyeongbokgung, qui offre un décor de conte de fées avec ses bâtiments historiques et ses cerisiers en fleurs.

Pique-niques sous les cerisiers :

Les locaux adorent pique-niquer sous les cerisiers.
Emportez une couverture de pique-nique et quelques collations pour profiter de la beauté des fleurs dans une atmosphère détendue.

Événements et festivals :

Divers événements et festivals sont organisés pendant la saison des cerisiers en fleurs.
Réjouissez-vous des performances culturelles, des expositions d'art et des expériences culinaires qui accompagnent le festival.

Sorties nocturnes :

Certains parcs proposent également des visites nocturnes des cerisiers en fleurs, où les fleurs sont particulièrement impressionnantes sous un éclairage d'ambiance.
Faites une randonnée en soirée pour découvrir l'atmosphère romantique.

Tunnel de fleurs de cerisier :

Découvrez des lieux où les cerisiers forment un tunnel qui agit
comme un portail enchanté.
La vue des fleurs formant une délicate canopée est
particulièrement romantique.
Paradis de la photographie :

La saison des fleurs de cerisier offre aux photographes une
multitude de sujets.
Capturez la beauté magique des arbres en fleurs, les reflets dans
l'eau et les jeux d'ombre et de lumière.
Tradition Hanami :

Découvrez la pratique traditionnelle japonaise du Hanami, où
l'observation des fleurs de cerisier est considérée comme une
expérience méditative et spirituelle.
Laissez-vous inspirer par la poésie et le symbolisme de cette
tradition.

# Festival de fabrication et de partage du kimchi de Séoul

Le Séoul Kimchi Making & Sharing Festival est un événement dynamique qui célèbre la culture coréenne et sa tradition culinaire. Cette célébration unique invite les habitants et les visiteurs à préparer du kimchi ensemble, à le partager et à découvrir la délicieuse diversité de ce plat coréen emblématique.

Fabrication communautaire du kimchi :

Le festival offre la possibilité de préparer ensemble du kimchi, élément essentiel de la cuisine coréenne.
Sous la direction de chefs expérimentés, les visiteurs peuvent apprendre et participer activement à l'art de la fabrication du kimchi.

Différentes variantes de kimchi :

Découvrez la diversité du kimchi, car il existe de nombreuses variantes et recettes régionales.

Essayez différents types de kimchi, du kimchi classique au chou Napa aux versions avec radis, concombre ou fruits.

## Délices culinaires :

Essayez non seulement le kimchi fait maison, mais également une large gamme de spécialités coréennes.
Du kimbap (petits pains de riz farcis) au tteokbokki (gâteaux de riz épicés), les visiteurs peuvent découvrir les explosions de saveurs de la cuisine coréenne.

## Spectacles culturels :

Le festival n'est pas seulement culinaire mais aussi culturellement enrichissant.
Profitez de spectacles traditionnels coréens, de spectacles de danse et de spectacles musicaux qui mettent en valeur la profondeur culturelle du pays.

Partage de Kimchi et charité :

L'événement promeut l'esprit de partage en partageant du
kimchi fait maison avec d'autres participants au festival.
Certains festivals soutiennent également des causes caritatives en
faisant don du kimchi collecté aux communautés dans le besoin.

Concours de Kimchi :

Participez à des concours de kimchi où des prix sont décernés aux
meilleures créations de kimchi maison.
Cela encourage une compétition amicale et permet aux
participants de montrer leurs talents en matière de kimchi.

Démonstrations culinaires :

Des chefs expérimentés organisent des démonstrations culinaires
où ils partagent leur savoir-faire dans la préparation du kimchi et
d'autres plats coréens.
Apprenez les secrets de la cuisine coréenne.

Stands de marché et artisanat :

Explorez les étals du marché vendant des plats coréens, des épices et des produits artisanaux.
Plongez-vous dans le monde coloré de l'artisanat et de l'artisanat coréens.

# Excursions d'une journée au départ de Séoul

## Suwon : Forteresse de Hwaseong

Suwon, une ville historique de Corée du Sud, abrite la majestueuse forteresse de Hwaseong, reconnue comme site du patrimoine mondial par l'UNESCO. Cette imposante forteresse, construite à la fin du XVIIIe siècle, témoigne de la splendeur architecturale de la dynastie Joseon et constitue aujourd'hui une destination fascinante pour les passionnés d'histoire.

Contexte historique:

La forteresse de Hwaseong a été construite entre 1794 et 1796 sous le règne du roi Jeongjo.
Il servait à la fois de fortification défensive et de magnifique palais royal.

Chef-d'œuvre architectural :

La forteresse est un exemple exceptionnel de l'architecture militaire de la fin de la dynastie Joseon.

D'une longueur totale de près de six kilomètres, il est entouré d'imposants murs de pierre, de tours de guet et de portes.

Porte Hwaseomun :

La porte Hwaseomun est la porte principale de la forteresse et impressionne par sa taille et sa présence majestueuse.
Les visiteurs peuvent franchir cette porte et se plonger dans l'atmosphère historique.

Seobuk Gongsimdon :

Le Seobuk Gongsimdon est un observatoire situé du côté ouest de la forteresse qui offre une vue imprenable sur le paysage environnant.
La position élevée a permis aux défenseurs de détecter rapidement les menaces potentielles.

Porte Paldalmun :

La porte Paldalmun est une magnifique porte en bois qui constitue l'entrée principale de la ville.

Les peintures et décorations élégantes donnent au portail une touche artistique.

Gangnam (Arsenal) :

Le Gangnam servait d'arsenal pour stocker des armes et des munitions.
Cela montre à quel point la forteresse a été stratégiquement conçue pour la défense.

Festival culturel de Suwon Hwaseong :

Le festival culturel Suwon Hwaseong a lieu chaque année, où les visiteurs peuvent participer à des spectacles traditionnels, des défilés et des reconstitutions historiques.
C'est une belle occasion de découvrir la forteresse dans une ambiance festive.

Visite du veilleur de nuit :

Une expérience particulière est la visite des veilleurs de nuit, où vous explorez la forteresse au crépuscule.

Les veilleurs de nuit habillés de façon historique font revivre le passé et racontent des histoires d'époques lointaines.

# Visite de la DMZ : exploration de la zone démilitarisée coréenne

La zone démilitarisée coréenne (DMZ) est une destination fascinante et unique qui reflète l'histoire divisée de la Corée. Une visite de la DMZ offre aux visiteurs la possibilité de découvrir la tension politique et la profondeur culturelle de cette zone emblématique.

Panmunjom - Le lieu du procès :

Visitez Panmunjom, le site des négociations entre la Corée du Nord et la Corée du Sud.
Entrez dans la caserne bleue, située exactement à la frontière, et découvrez le lieu où se sont déroulés les sommets historiques.

Station Dorasan - Symbole d'espoir :

La gare de Dorasan, proche de la DMZ, est un lieu emblématique et un signe d'espoir de réunification.
Explorez la gare, prévue comme terminus de la connexion entre la Corée du Nord et la Corée du Sud.

Observatoire de Dora - Vue vers le Nord :

L'observatoire Dora offre une vue imprenable sur la Corée du Nord.
À l'aide de jumelles, les visiteurs peuvent observer des villages, des villes et même le village de propagande nord-coréen de Gijeongdong.

Tunnel d'infiltration :

Explorez l'un des tunnels d'infiltration creusés depuis la Corée du Nord vers la Corée du Sud.
Ces tunnels rappellent de manière effrayante l'histoire tendue et la menace constante.

Musée DMZ :

Le musée DMZ offre un aperçu complet de l'histoire et de la politique de la division coréenne.
Des expositions et des objets illustrent les développements et les conflits qui ont conduit à la partition.

Freedom Bridge - Pont vers la liberté :

Le Freedom Bridge a une signification symbolique car il facilitait autrefois l'échange de prisonniers de guerre.
Découvrez la riche histoire de ce pont et son rôle pendant la guerre de Corée.

Troisième tunnel d'agression :

Le troisième tunnel d'infiltration est un autre tunnel qui a été découvert.
Les visiteurs peuvent explorer les passages souterrains et comprendre comment la Corée du Nord a tenté de les utiliser à des fins militaires.

Parc Imjingak - Espoir et mémoire :

Imjingak est un parc de la paix commémorant les victimes de la guerre de Corée.
Vous y trouverez des monuments, des cloches de la paix et des installations artistiques qui représentent l'espoir de la réunification.

## Incheon : bien plus que l'aéroport

Incheon, connue pour son aéroport international, a bien plus à offrir qu'une simple plaque tournante du transport. Cette ville côtière de Corée du Sud allie commodités modernes, profondeur culturelle et paysages pittoresques.

Quartier des affaires international de Songdo :

Explorez le quartier futuriste des affaires international de Songdo, connu pour son urbanisme innovant.
Architecture moderne, parcs verdoyants et lacs artificiels caractérisent cet environnement commercial émergent.
Quartier chinois d'Incheon :

Plongez-vous dans le quartier chinois animé d'Incheon, considéré comme l'un des plus grands de Corée du Sud. Savourez une cuisine chinoise authentique, explorez les boutiques colorées et admirez les temples traditionnels.

Grand Parc d'Incheon :

Incheon Grand Park offre une oasis de verdure au milieu de la ville.
Promenez-vous dans les jardins luxuriants, découvrez des étangs pittoresques et visitez le zoo pour une pause détente.

Pont d'Incheon :

L'imposant pont d'Incheon n'est pas seulement une structure impressionnante, il offre également des vues spectaculaires sur la côte.
Profitez-en pour faire une balade à pied ou à vélo le long du pont.

Village historique des fées de Songwol-dong :

Visitez le village de fées historique de Songwol-dong, qui préserve l'architecture et la culture traditionnelles coréennes.
Les maisons Hanok colorées confèrent au village une atmosphère pittoresque.

Parc Jayu :

Le parc Jayu, également connu sous le nom de Freedom Park, est un site historique commémorant l'indépendance de la Corée.
Profitez d'une promenade dans le parc et explorez les monuments qui représentent l'histoire colorée du pays.

Banlieues côtières comme la plage d'Eurwangni :

Découvrez les banlieues côtières pittoresques d'Incheon, comme la plage d'Eurwangni.
Détendez-vous sur les plages de sable propres, dégustez des fruits de mer frais et vivez une vie de plage détendue.

Charme colonial d'Incheon :

Explorez des quartiers au charme colonial, où les bâtiments historiques et les terrasses de café créent une atmosphère nostalgique.
Promenez-vous dans les rues d'Incheon et plongez-vous dans l'atmosphère chaleureuse.

# Possibilités d'hébergement

## Hébergements luxueux

Incheon, porte d'entrée de la Corée du Sud, abrite une sélection impressionnante d'hébergements luxueux répondant aux plus hauts standards d'élégance et de confort. Découvrez un luxe inégalé et un service de première classe dans ces hébergements renommés.

Grand Hyatt Incheon :

Le Grand Hyatt Incheon offre une élégance intemporelle et un confort luxueux.
Avec des chambres spacieuses, des restaurants exquis et un spa, cet hôtel est une oasis de calme.

L'hôtel Shilla :

L'hôtel Shilla, qui fait partie du célèbre groupe Shilla, incarne le luxe et la tradition.

Profitez d'un service de première classe, d'excellents restaurants et de chambres élégamment meublées.

## Ville du paradis:

Paradise City n'est pas seulement un hôtel de luxe, mais un complexe hôtelier intégré doté d'un casino, de restaurants et d'options de divertissement.
Les éléments de design modernes et le mobilier de première classe rendront votre séjour inoubliable.

## Hôtel Orakai Songdo Park:

L'Orakai Songdo Park Hotel offre une vue imprenable sur le parc central de Songdo.
Des suites luxueuses, un parcours de golf sur place et des restaurants de première classe garantissent une expérience exclusive à tous points de vue.

## Oakwood Premier Incheon :

L'Oakwood Premier Incheon propose des appartements spacieux avec services hôteliers au design moderne.
Les clients peuvent profiter des commodités d'un hôtel de luxe et de la flexibilité de leur propre appartement.

Hôtel Nest à Incheon:

Le Nest Hotel Incheon impressionne par son architecture avant-gardiste et sa vue panoramique sur la mer Jaune.
Les chambres élégantes et les restaurants de première classe créent une atmosphère luxueuse.

Hôtel Sheraton Grand Incheon:

Le Sheraton Grand Incheon Hotel allie luxe contemporain et emplacement idéal à proximité de l'aéroport.
La piscine à débordement et les salles de réunion modernes en font un excellent choix.

<u>Ambassadeur Gyeongwonjae Incheon - Associé à Accor :</u>

L'ambassadeur de Gyeongwonjae Incheon propose une expérience unique dans des salles Hanok coréennes traditionnelles.
Entouré de jardins et d'étangs, cet hôtel offre un refuge paisible.

# Boutique-Hôtels

Pour les voyageurs à la recherche de quelque chose de spécial, les hôtels-boutiques d'Incheon offrent un mélange unique de charme, de design et de service personnalisé. Ces petits joyaux sont parfaits pour les clients qui souhaitent vivre une expérience intime et personnalisée.

Hôtel Cube Stay Incheon:

L'Hôtel Cube Stay Incheon impressionne par son design moderne et minimaliste.
Avec des chambres compactes mais élégantes et une ambiance branchée, c'est un choix idéal pour les voyageurs soucieux de la mode.

Hôtel Gogoong:

Le Gogoong Hotel offre une oasis artistique avec un design intérieur unique.
Chaque chambre est conçue individuellement et la touche personnelle de l'hôtel se reflète dans chaque détail.

Hôtel Air Relax:

L'Air Relax Hotel impressionne par son atmosphère détendue et son mobilier moderne.
Avec des chambres spacieuses et un design bien pensé, il offre une retraite relaxante.

Hôtel design XYM :

Le Design Hotel XYM impressionne par son architecture avant-gardiste et ses installations d'art moderne.
Les clients peuvent s'attendre à un environnement créatif qui rend l'hôtel vraiment unique.

Hôtel Hué Incheon Airport:

L'hôtel Hue Incheon Airport allie style moderne et commodité.
Avec des chambres soigneusement conçues et une atmosphère
détendue, il offre une agréable expérience de boutique.

Hôtel Lune :

Le Moon Hotel se caractérise par son mobilier chic et sa touche
personnelle.
L'attention portée aux détails et le service personnalisé en font
un véritable conseil d'initié.

Hôtel de charme K Oido :

Le Boutique Hotel K Oido impressionne par son design
moderne et ses équipements de haute qualité.
Les clients peuvent s'attendre à une atmosphère intime et à un
hébergement élégant.

Hôtel de charme La Classe :

Le boutique-hôtel The Class impressionne par son design
élégant et son service supérieur.
Avec des chambres spacieuses et des touches de luxe, il offre une
expérience de boutique haut de gamme.

# Auberges économiques

Pour les voyageurs à petit budget qui aiment voyager, les
auberges d'Incheon proposent un hébergement abordable sans
compromettre le confort. Ces hébergements conviviaux sont
parfaits pour les explorateurs à la recherche d'un moyen
abordable d'explorer la ville.

Maison d'hôtes Happy Place de l'aéroport d'Incheon:

Incheon Airport Happy Place Guesthouse propose des options
de couchage abordables à proximité de l'aéroport.
Avec des espaces communs et un personnel amical, c'est un choix
pratique pour ceux qui voyagent.

Maison d'hôtes des amis de M. Kim :

Mr. Kim's Friends Guesthouse impressionne par son atmosphère chaleureuse et son ambiance conviviale.
La cuisine et le salon communs créent un environnement sociable.

Les routards de l'aéroport d'Incheon :

Incheon Airport Backpackers propose un hébergement abordable à proximité de l'aéroport.
Avec des chambres simples mais confortables, c'est une option pratique pour les voyageurs à petit budget.

Maison d'hôtes Pluton :

Pluto Guesthouse impressionne par son hébergement propre et son atmosphère conviviale.
L'emplacement central permet d'explorer facilement Incheon à un prix abordable.

Séjour économique à l'hôtel Hue Incheon :

L'hôtel Hue Incheon Budget Stay propose un hébergement abordable avec des équipements de base.
La proximité de l'aéroport en fait une option pratique pour ceux qui y transitent.

Time Travellers Relax Guesthouse Aéroport d'Incheon:

Time Travelers Relax Guesthouse Incheon Airport offre un environnement relaxant à un prix abordable.
Les espaces communs encouragent l'échange d'expériences de voyage entre les clients.

Maison d'hôtes Résidence Egarak:

L'Egarak Residence Guesthouse propose un hébergement abordable avec un accès facile aux attractions.
L'atmosphère conviviale et les installations communes créent un environnement sociable.

Auberge de jeunesse Gold de l'aéroport d'Incheon:

Incheon Airport Gold Guesthouse est une option abordable avec un bon rapport qualité-prix.

La proximité de l'aéroport et l'hospitalité conviviale en font un choix pratique.

# Conseils pratiques pour les voyageurs

## Informations sur les visas

Si vous envisagez de voyager en Corée du Sud, il est important de connaître les exigences actuelles en matière de visa. Voici quelques informations de base pour vous donner un aperçu :

Exigence de visa :

Les conditions d'entrée peuvent varier en fonction de votre nationalité.
Les citoyens de certains pays sont exemptés de l'obligation de visa et peuvent voyager en Corée du Sud sans visa.

Entrée sans visa :

L'entrée sans visa pendant une certaine période est possible pour les citoyens de certains pays.
La durée de l'entrée sans visa peut varier selon les pays.

Office du tourisme (B-2) :

Les voyageurs qui ne bénéficient pas de l'entrée sans visa peuvent devoir demander un visa touristique (B-2).
Les visas touristiques ont généralement une durée de validité limitée et ne peuvent être utilisés que pour des activités touristiques.

Visa d'affaires (C-2) :

Un visa d'affaires (C-2) peut être requis pour les activités commerciales.
Ce visa permet de participer à des réunions d'affaires, des conférences et d'autres activités liées aux affaires.

Visa de travail (E-2, E-7) :

Les personnes souhaitant travailler en Corée du Sud ont généralement besoin d'un visa de travail approprié (E-2 pour les professeurs d'anglais, E-7 pour les travailleurs qualifiés).
Les exigences et conditions exactes peuvent varier en fonction du type d'emploi.

Séjour longue durée (F-2, F-5) :

Des visas de résidence de longue durée (F-2 pour les conjoints de citoyens coréens, F-5 pour les résidents permanents) sont disponibles pour certains groupes de personnes.
Visa électronique (île de Jeju) :

Les voyageurs qui souhaitent uniquement visiter l'île de Jeju peuvent demander un visa électronique sous certaines conditions.

## Monnaie et questions monétaires

Lorsque vous voyagez en Corée du Sud, il est important de vous renseigner sur les questions monétaires et financières. Voici quelques informations pertinentes :

Devise:

La monnaie officielle en Corée du Sud est le won sud-coréen (KRW).

Même si les cartes de crédit sont acceptées dans de nombreux endroits, il est conseillé d'emporter également de l'argent liquide, en particulier dans les zones plus rurales ou dans les petits magasins.

Distributeurs automatiques :

Les guichets automatiques sont courants dans toute la Corée du Sud et acceptent généralement les cartes de crédit et de débit internationales.

On les trouve souvent dans les banques, les centres commerciaux, les aéroports et autres lieux très fréquentés.

Cartes de crédit:

Les cartes de crédit sont acceptées dans de nombreux magasins, restaurants et hôtels en zone urbaine.

Les cartes Visa et Mastercard sont les plus utilisées, tandis que les cartes American Express et autres ne sont pas acceptées partout.

Chèques de relance :

Les chèques de voyage ne sont peut-être pas aussi largement acceptés que les cartes de crédit en Corée du Sud.

Il est conseillé d'envisager des modes de paiement alternatifs.

Échange de devises:

Le change est possible dans les banques, les bureaux de change et à l'aéroport.

Il est recommandé de contacter les organismes officiels pour obtenir des taux de change équitables.

Conseil:

Donner un pourboire n'est pas habituel en Corée du Sud et n'est souvent pas attendu.

Certains restaurants et hôtels peuvent déjà ajouter des frais de service.

Remboursement d'impôt:

Les remboursements de TVA pour les touristes ne sont pas disponibles dans tous les magasins.

Dans les magasins qui soutiennent le système de détaxe, les touristes peuvent avoir la possibilité de récupérer la TVA.

Horaires d'ouverture des banques :

La plupart des banques en Corée du Sud sont ouvertes du lundi au vendredi, généralement de 9h00 à 16h00.

Certaines banques sont également ouvertes à des horaires limités le samedi.

## Connectivité : cartes SIM et WiFi

La Corée du Sud est connue pour son excellente infrastructure Internet et sa connectivité élevée. Voici des informations sur les cartes SIM et l'utilisation du Wi-Fi :

Cartes SIM :

Vous pouvez acheter des cartes SIM pour téléphones portables dès votre arrivée à l'aéroport ou dans les magasins en zone urbaine.

Il existe différents fournisseurs tels que KT, SK Telecom et LG Uplus qui proposent diverses cartes SIM prépayées avec options de données et d'appels.

Disponibilité du WiFi :

Le WiFi est répandu en Corée du Sud et est disponible dans la plupart des zones urbaines, des hôtels, des restaurants et des transports publics.
De nombreux cafés et centres commerciaux proposent une connexion Wi-Fi gratuite.

WiFi de poche (WiFi portable) :

Vous pouvez également louer des appareils WiFi portables, également appelés Pocket WiFi, pour disposer d'une connexion Internet fiable lors de vos déplacements.
Ces appareils peuvent être loués à l'aéroport ou en ligne.

Instructions pour activer les cartes SIM :

Après avoir acheté une carte SIM, vous devrez peut-être l'activer.
Il y a généralement des instructions en anglais sur la fiche d'information qui accompagne la carte SIM.

Forfaits de données et appels :

Vous pouvez choisir entre différents forfaits de données et
options d'appel en fonction de vos besoins.
La plupart des cartes SIM proposent des appels locaux et
internationaux.

Vitesse Internet :

La Corée du Sud possède l'une des vitesses Internet les plus
rapides au monde, ce qui rend la navigation sur le Web et le
streaming multimédia agréables.

Points d'accès Wi-Fi publics :

Il existe de nombreux hotspots Wi-Fi publics dans les grandes
villes et les zones touristiques, dont l'utilisation est souvent
gratuite.
Dans certaines régions, vous devrez peut-être vous connecter
pour accéder au WiFi.
Il est recommandé d'acheter une carte SIM à votre arrivée à
l'aéroport ou en zone urbaine pour accéder facilement à Internet

et aux appels. Vous pouvez également louer des appareils WiFi portables ou utiliser les nombreux hotspots WiFi gratuits de la ville.

# Informations sur la sécurité et les urgences

La Corée du Sud est généralement une destination de voyage sûre avec un faible taux de criminalité. Voici quelques informations importantes en matière de sécurité et d'urgence pour les voyageurs :

Sécurité générale :

La Corée du Sud est considérée comme sûre pour les voyageurs. La criminalité est généralement faible et les habitants sont amicaux et serviables.
Cependant, des précautions normales, comme garder un œil sur ses effets personnels dans les zones très fréquentées, sont recommandées.
Soins de santé:

Le système de santé en Corée du Sud est très développé. Les soins médicaux sont facilement accessibles dans les zones urbaines.
Il est recommandé de souscrire une assurance voyage couvrant les urgences médicales.
Numéros d'urgence:

Le numéro d'urgence général en Corée du Sud est le 119.

Pour la police, composez le 112.

Risques naturels :

La Corée du Sud est géologiquement active, mais les catastrophes naturelles graves sont rares. Cependant, des tremblements de terre peuvent survenir.

Des événements liés aux conditions météorologiques, tels que des typhons, peuvent survenir à la fin de l'été et à l'automne.

Sécurité routière:

Le système de transport en Corée du Sud est bien développé. Les transports publics sont sûrs et fiables.

Si vous louez une voiture, respectez le code de la route et soyez particulièrement prudent dans la circulation urbaine dense.

Sensibilité culturelle:

Soyez conscient des coutumes culturelles et respectez l'étiquette locale, en particulier dans les temples et les lieux saints.

La photographie peut être restreinte à certains endroits, alors faites attention aux panneaux ou aux instructions.

Consultez les conseils de voyage :

Avant de voyager, consultez les conseils aux voyageurs actuels de votre gouvernement pour la Corée du Sud.
Des informations actualisées sur les aspects de sécurité et les risques potentiels sont importantes.

Argent et objets de valeur :

Gardez vos objets de valeur en sécurité et soyez particulièrement prudent dans la foule ou dans les transports en commun.
Évitez l'utilisation excessive d'argent liquide et utilisez les cartes de crédit en toute sécurité.

Pompiers:

Numéro d'urgence des pompiers : 119
En cas d'incendies ou autres urgences nécessitant l'intervention des pompiers.
Ambassade ou Consulat :

En cas de problèmes avec votre ambassade ou votre consulat, contactez la mission diplomatique compétente de votre pays en Corée du Sud.

Assurance voyage:

Numéro d'urgence pour votre assurance voyage
Gardez le numéro d'urgence de votre assurance voyage à portée de main pour recevoir de l'aide si vous en avez besoin.

Aide routière :

Société coréenne des voies express (Autobahnhilfe) : 1544-2505
En cas de panne de voiture ou de problèmes sur les autoroutes.

Centre d'information touristique:

Ligne d'assistance téléphonique de l'Organisation coréenne du tourisme (KTO) : 1330
Pour informations et assistance touristiques.

# Installations sanitaires et médicales

La Corée du Sud dispose d'un système de santé très développé doté d'installations médicales modernes. Voici des informations sur les services de santé et les établissements médicaux :

Soins de santé généraux :

Les soins de santé en Corée du Sud sont d'un niveau élevé, notamment dans les zones urbaines.
Les hôpitaux et cliniques offrent une large gamme de services.
Hôpitaux :

Les grandes villes disposent de nombreux hôpitaux, dont des établissements médicaux de renommée internationale.
Des soins d'urgence et des traitements spécialisés sont disponibles.
Cliniques et pharmacies :

Les cliniques et les pharmacies sont très répandues et fournissent des soins médicaux et des médicaments de base.
Les pharmacies sont généralement signalées par une croix verte.

Cliniques internationales :

Dans les grandes villes, il existe des cliniques internationales où l'anglais est parlé et où les normes internationales sont respectées. Ces cliniques répondent aux besoins des expatriés et des touristes.

Soin d'urgence:

En cas d'urgence, appelez le numéro d'urgence général 119 pour obtenir une ambulance ou de l'aide.

Les hôpitaux disposent également de salles d'urgence pour les cas médicaux urgents.

Frais médicaux :

Les frais médicaux peuvent être élevés en Corée du Sud, c'est pourquoi une assurance voyage couvrant également les urgences médicales est recommandée.

Les cliniques internationales acceptent souvent une assurance maladie internationale.

Soins de santé:

Les vaccins ne sont généralement pas obligatoires, sauf si vous voyagez depuis une zone présentant des risques particuliers pour la santé.

Buvez uniquement de l'eau provenant de sources fiables et faites attention à l'hygiène alimentaire.

Informations COVID-19 :

Pour les dernières informations sur les mesures et directives liées au COVID-19, veuillez visiter les sites Web officiels des autorités sanitaires de Corée du Sud.

# Réflexions finales : Souvenirs de Séoul

## Capturez votre sérendipité de Séoul

L'énergie vibrante des rues, l'odeur de la délicieuse cuisine de rue, l'horizon impressionnant et les sons familiers des mélodies K-pop : Séoul n'est pas seulement une ville, mais un mélange fascinant de tradition et de modernité qui reste profondément ancré dans votre cœur. .

En parcourant cette métropole dynamique, vous rencontrerez des découvertes inattendues, des ruelles charmantes qui mènent à des temples cachés, des marchés animés qui racontent l'histoire et des gens partageant fièrement leur culture. Il faut garder ces souvenirs de Séoul, ces petits moments d'émerveillement et de joie, comme un souvenir précieux.

Capturez les lumières colorées de la tour Namsan de Séoul au crépuscule, admirez le coucher de soleil sur la rivière Han et laissez la ville briller dans toute sa splendeur la nuit. Photographiez les magnifiques palais qui, dans leur splendeur historique, racontent comment le passé rencontre le présent.

Offrez-vous une diversité culinaire – du bulgogi au kimchi, des marchés de rue aux restaurants gastronomiques. Plongez-vous dans le monde de la K-Pop, assistez à des performances live et laissez l'énergie enivrante de cette musique couler dans vos souvenirs de Séoul.

Seoul Serendipity, c'est apprécier le moment où l'on déambule dans les ruelles du village de Bukchon dans un hanbok traditionnel, où l'on retrouve la paix dans les salons de thé d'Insadong, et où l'on discute avec les locaux qui vous racontent leurs histoires.

Capturez tout – dans votre appareil photo, votre cœur et vos souvenirs de Séoul. Parce que les souvenirs de cette ville sont immortalisés non seulement en images, mais aussi en sentiments et en expériences qui brilleront à jamais dans votre chronique de voyage. Séoul a une façon unique d'entrer dans l'âme, et lorsque vous capturez vos souvenirs de Séoul, vous emporterez avec vous pour toujours un morceau de cette métropole dynamique.

# Conclusions

À chaque étape de ce voyage à travers le monde des huiles essentielles pour chiens, nous avons découvert un monde fascinant et parfumé. Des bases de l'aromathérapie pour chiens à l'utilisation sécuritaire des huiles essentielles en passant par des recettes spécifiques de toilettage et de relaxation, nous avons exploré différents aspects.

Il est crucial de souligner que l'utilisation des huiles essentielles sur les chiens doit se faire avec prudence. La sécurité et le bien-être des animaux sont notre priorité absolue. Faites toujours attention aux réactions des chiens, tenez-vous-en aux formes diluées et, en cas de doute, demandez conseil à un professionnel.

Les chapitres, de « Aventures d'aromathérapie pour chaque chiot » à « Woof Woof Wisdom : La liste interdite (huiles essentielles toxiques pour les chiens) », fournissent une mine d'informations pour les amoureux des chiens qui cherchent à prendre soin de leurs amis à quatre pattes naturellement.

Pour conclure ce voyage aromatique, nous vous rappelons que les conseils d'un vétérinaire sont toujours précieux. Dans le monde des huiles essentielles pour chiens, où la nature rencontre les pattes, le secret réside dans l'équilibre entre soin, connaissance et amour pour nos fidèles compagnons.

Printed by Amazon Italia Logistica S.r.l.
Torrazza Piemonte (TO), Italy

58010965R00076